Werner Färber

Total klasse!
Die 3a im Forscherfieber

Total klasse!

Werner Färber

Die 3a im Forscherfieber

Mit Bildern von Elisabeth Holzhausen

Hase und Igel®

Für Lehrkräfte gibt es zu diesem Buch
ausführliches Begleitmaterial beim Hase und Igel Verlag.

Weitere Bände dieser Reihe:
Total klasse! Die 3a unter Verdacht
Total klasse! Klassenfahrt mit Stolpersteinen
Total klasse! Auf dem Schulweg erpresst
Total klasse! Die 3a im Fußballfieber
Total klasse! Die 3a im Weihnachtstrubel

Informationen zum Autor Werner Färber
gibt es unter www.wernerfaerber.de

Originalausgabe

www.hase-und-igel.de
Lektorat: Elena Jell, Patrik Eis
Coverentwurf und Reihensignet: Margit Kick
Druck: Grafisches Centrum Cuno GmbH & Co. KG

ISBN 978-3-86760-173-3
1. Auflage 2015

1. Kapitel

Tütes Vulkan

„Kommt näher ran. Ich brauche Windschutz", fordert Murat Zacharias, Hanna und Anton auf. Die drei Kinder aus seiner Klasse halten jedoch weiter respektvoll Abstand zu Murats Feuerwerkskörper der Marke Eigenbau.

„Damit du uns die Haare abfackelst?", fragt Zacharias.

„Selbst gebastelte Kracher sind voll gefährlich, Tüte", warnt Hanna. Murat wird häufig Tüte genannt. Sein Nachname ist Tütünsüoglu.

Der Angesprochene verdreht die Augen. „Was seid ihr nur wieder für Angsthasen? Tütes Vulkan ist absolut sicher!" Erneut beugt er sich über den Feuerwerkskörper, der aussieht wie ein Zuckerhut, der in Geschenkpapier eingewickelt wurde. Murat zündet ein Streichholz an. Noch ein Windstoß – wieder nichts. „Wenn ihr mir nicht helft, krieg ich das Ding nie an."

Hanna blickt bang zu den Fenstern des Schulgebäudes. „Es gongt gleich."

„Und?“, fragt Anton.

„Von da drinnen kann man uns sehen.“

Anton zuckt mit den Schultern. „Siehst du irgendwo Licht? Da ist doch noch gar keiner drin.“

Tatsächlich herrscht hinter den Fenstern auf der Rückseite des Schulgebäudes noch Dunkelheit. Zacharias scheint Hannas Bedenken jedoch zu teilen. „Sobald uns jemand hier draußen sieht, drücken sich die Gaffer ihre Nasen an den Scheiben platt.“

„Hört endlich auf hier rumzunerven“, meint Anton. „Außerdem zeigen die Lehrerzimmerfenster in die andere Richtung.“

Zacharias winkt ab. „Wahrscheinlich macht das Ding sowieso nur einmal kurz plop und das war's. So ein Eigenbau taugt eh nichts. Mein Vater hat an Silvester …“

„… für eine Million Euro Feuerwerk verballert“, fällt ihm Hanna ins Wort. „Deine Prahlerei mit eurer fetten Kohle geht mir so auf den Zeiger.“

Ohne ein weiteres Wort zu verlieren, verschwindet Zacharias um die Ecke.

„Wann kapiert der endlich, dass er sich mit der Angeberei nur unbeliebt macht?“, grummelt Anton.

Murat richtet sich auf. „Achtung, Leute! Geht los!“ Die aus dem Aluminiumkegel ragende Wunderkerze sprüht Funken.

Anton verdrückt sich hinter einen der Müllcontainer und linst um die Ecke. Während auch Murat und Hanna Sicherheitsabstand einnehmen, ertönt der Schulgong. Kaum ist der letzte Ton verklungen, gehen in den Klassenzimmern erste Lichter an. Schon fliegt ein Fenster auf. „Was macht ihr da?“, ruft ein Kind aus der zweiten Klasse.

„Murat, mach schnell aus“, drängt Hanna. „Die ersten glotzen schon. Du kannst den Vulkan doch auch noch auf dem Nachhauseweg abfackeln.“

„Zu spät.“ Wie hypnotisiert starrt Murat auf die sprühenden Funken. „Wenn er an ist, lässt er sich nicht mehr stoppen. Passt auf, gleich geht er ab wie Luzie. Außerdem sieht das im Dunkeln tausendmal besser aus.“

Anton schiebt den Kopf weiter vor. „Bist du sicher, dass das Ding nicht explodieren kann?“

„Okan hat zehn Stück davon gebaut. Keiner ist explodiert. Die sprühen nur. Ihr kennt meinen Bruder. Wären die Dinger gefährlich, hätte er mir keinen gegeben. Okan ist strenger als mein Papa."

Tütes Vulkan ist noch immer nicht ausgebrochen, als Zacharias zurückkehrt. „Mach aus!", ruft er atemlos. „Schnell!"

Ehe die drei verstehen, weshalb er so panisch wirkt, taucht Frau Lukas auf. Die Hausmeisterin hat zwei Müllbeutel unter den Armen, zwei Mülleimer in den Händen und steuert auf die Container zu. Im selben Moment entfacht die heruntergebrannte Wunderkerze das von Okan geriebene Wunderkerzenpulver im Inneren des Vulkans. Zischend und fauchend bricht er aus.

„Seid ihr von allen guten Geistern verlassen?", ruft Frau Lukas. „Macht das Ding aus! Aber flott!"

Murat starrt wie vom Donner gerührt auf die meterhohe Fontäne aus glitzernden Funken und beißendem Rauch. „Das geht nicht! Wenn er erst mal sprüht, lässt er sich nicht ausmachen!“ Jetzt klingt auch seine Stimme panisch.

„Das glaubst nur du.“ Frau Lukas lässt den Müll fallen, kippt den Inhalt eines Eimers auf die Betonplatten und stülpt den Eimer über die Funkenpracht. Ihr Gesicht wendet sie dabei respektvoll ab. Schallgedämpft zischt es geraume Zeit weiter. Der Vulkan droht ein kreisrundes Loch in den Boden des Plastikeimers zu brennen. Es bilden sich Blasen. Unter dem Rand quillt Rauch hervor. Nach gefühlten zehn Minuten, die in Wahrheit höchstens fünfzehn Sekunden waren, ist das Spektakel vorüber. Die Fäuste auf den Hüften fixiert die Hausmeisterin Murat mit tadelndem Blick. „Sagt mal, geht's noch? Wolltet ihr nur die Bäume abfackeln oder gleich das ganze Schulgelände in Brand setzen?“

„So schnell brennen Bäume auch wieder nicht“, erwidert Murat kleinlaut.

„… behauptet der Brandschutzexperte der Mühlbergschule.“ Frau Lukas verschränkt die Arme vor der Brust. „Murat! Seit Wochen herrscht akute Waldbrandgefahr!“

„Im Winter?“, fragt Hanna zweifelnd.

„Ach, im Winter kann es nicht trocken sein? Siehst du Schnee? Erinnerst du dich an Niederschläge?“

„Weihnachten hat's geschneit", sagt Anton.

Frau Lukas verdreht die Augen. „Ja, einmal. Zehn Zentimeter. Oder waren es sogar zwölf? – Denkt doch bitte für fünf Cent nach, bevor ihr so etwas macht."

„Ich hab nur zugesehen", versucht sich Hanna reinzuwaschen.

Damit ist sie an die Falsche geraten. „Und vorher hast du mit aller Macht versucht, Murat zu überzeugen, dass er den Unfug lassen soll?", erwidert Frau Lukas voller Ironie. Sie mag es nicht, wenn sich Beteiligte herausreden.

Hanna blickt kleinlaut auf den Eimer. „Nein."

Betretenes Schweigen.

„Was passiert jetzt?", fragt Zacharias schließlich leise.

Frau Lukas blickt auf das Loch, das Tütes Vulkan in den Boden des Eimers gebrannt hat. Noch immer steigt eine daumendicke Rauchsäule heraus. Mit einer Hand den Rauch zur Seite fächelnd, hebt die Hausmeisterin den Eimer mit der anderen vorsichtig an. Murats Feuerwerkskörper scheint sein Pulver aufgebraucht zu haben.

„Was jetzt passiert? Gute Frage." Frau Lukas richtet sich auf. „Ihr werdet der Schule den Eimer selbstverständlich ersetzen. Wenn ich noch einmal jemanden mit so was erwische, wird es der Schulleiter erfahren. Dann wird es garantiert nicht nur unterm Eimer qualmen. Habe ich mich klar genug ausgedrückt?"

Im selben Augenblick beginnt es in Tütes Schultasche, die aufgeklappt an einem der Container lehnt, zu knattern und zu ballern.

„Oh nein! Die Knallfrösche!", stößt Murat hervor.

Während die Kinder in Schockstarre zusehen, wie Fetzen aus Murats Schultasche fliegen, kippt Frau Lukas den zweiten Eimer aus, um ihn über

das Kleinfeuerwerk zu stülpen. „Murat!“, ruft sie fassungslos. Als auch dieses Spektakel vorüber ist, hat sie sich bereits wieder im Griff. Sie legt Murat, dem Tränen über die Wangen rollen, einen Arm um die Schultern. „Da wirst du wohl einige Schulsachen ersetzen müssen“, versucht sie die Sache humorvoll zu nehmen und drückt den Jungen tröstend an sich.

„Wir können ja zusammenlegen“, meint Zacharias leise. „Für den Eimer und Murats neue Schultasche, meine ich.“

„Zur Abwechslung mal eine gute Idee“, lobt die Hausmeisterin.

„Müssen wir nun doch zu Herrn Dieckmann?“, fragt Hanna, die sich an Frau Lukas’ Vorgänger, Herrn Pelzig, erinnert. Der verpasste keine Gelegenheit, die Kinder aus der 3a beim Schulleiter anzuschwärzen.

„Wenn es nach mir geht, müssen wir keine Unbeteiligten mit dieser Sache behelligen. Vorausgesetzt, ihr regelt das mit dem Eimer und der Schultasche selbst.“

„Klar!“ – „Machen wir.“ – „Gebongt.“ – „Das bekommen wir hin!“, versichern die Kinder erleichtert.

„Mit eurer Besi werde ich trotzdem reden." Die Hausmeisterin nennt Frau Besenbinder, die Klassenlehrerin der 3a, beim Spitznamen, den sich die Kinder gleich am ersten Tag nach den Sommerferien für sie ausgedacht haben.

„Muss das sein?", jammert Murat kleinlaut.

„Oh ja. Und zwar werde ich ihr nahelegen, dass sie euch ein paar Takte zum Thema Feuerwerkskörper und selbst gebaute Kracher erzählt. Da ihr die Gefahren offenbar nicht einschätzen könnt, wird es euch garantiert nicht schaden." Der zweite Gong kündigt den Beginn der ersten Stunde an. „Und jetzt ab. Ihr seid ohnehin schon spät dran."

Die Kinder schnappen sich ihre Sachen und eilen ins Zimmer der Klasse 3a.

2. Kapitel

Feuerteufel

Als Murat, Hanna, Anton und Zacharias das Klassenzimmer betreten, richten sich alle Blicke auf sie. Die anderen sitzen bereits im Montagskreis zusammen. Hastig bringen die Verspäteten ihre Sachen zu den zur Seite gerückten Tischen. Murat platziert seine Tasche so, dass die ramponierten Stellen kaum zu sehen sind. Zugleich hofft er, dass keinem der Geruch von angekohltem Papier in die Nase steigt. Kommentarlos huschen die vier auf die bereitstehenden Stühle.

„Guten Morgen", sagt Frau Besenbinder. Ihr Ton lässt ahnen, dass sie mit so einer Trödelei nicht einverstanden ist. „Wer von euch möchte erklären, weshalb ihr zu spät kommt?" Auffordernd hält sie ihnen die Räuberpuppe Ronja hin. Wer Ronja, das Maskottchen der 3a, in Händen hält, hat während des Montagskreises Rederecht.

Zögernd nimmt Murat die Puppe entgegen. „Ähm, Frau Lukas möchte Sie sprechen. Den Rest sollen wir selbst regeln."

Aus dem einsetzenden Getuschel können die vier Feuerwerker ableiten, dass ein Teil der Klasse schon etwas von ihrer Tat mitbekommen hat.

Frau Besenbinder lehnt sich vor, um einen Blick auf Murats Tasche werfen zu können. „Was ist mit der passiert?“

„Ähm, das waren Knallfrösche“, antwortet Murat leise, bringt mit dieser Auskunft die anderen allerdings zum Lachen.

„Das musst du mir näher erklären.“

Betreten blickt Murat zu Boden. „Könnten wir das … vielleicht auch … später …?“

Die Lehrerin sieht ihn eindringlich an. Die drei anderen Nachzügler schauen schnell woanders hin. „Wir besprechen das in der Pause. – Zur Tagesordnung: Wer hat sich Gedanken über unsere Forschungspläne gemacht? Ich hoffe, ihr habt das eine oder andere Experiment gefunden, das ihr vorstellen wollt.“

Die Kinder der Mühlbergschule dürfen in dieser Woche Versuche durchführen, um die Ergebnisse am Freitag im Rahmen einer Abendveranstaltung den Eltern vorzustellen.

Jana schildert ein Experiment, das sie am Wochenende mit ihrer Mama durchgeführt hat:

Sie haben ein gekochtes Ei geschält und unbeschadet in eine Plastikflasche rutschen lassen, obwohl das Ei größer war als die Flaschenöffnung.

„Wie soll das gehen?", ruft jemand ungläubig dazwischen.

„Man schnippelt es klein und stopft es rein", sagt Ulli.

„Oder man entfernt den Flaschenboden mit einem Glasschneider", schlägt Stefanie vor.

Jana schüttelt den Kopf. „Nein, Ei und Flasche bleiben heil."

„Das Ei ist größer als die Flaschenöffnung?", hakt Anton zweifelnd nach.

Jana schaut zu Frau Besenbinder. „Ich kann das vorführen. Soll ich morgen alles Nötige mitbringen?"

„Ja, gern. Das klingt gut."

Strahlend reicht Jana die Räuberpuppe an Corinna weiter. Die legt die Klasse mit einer Scherzfrage herein: „Weshalb ist ein Blumentopf an einem sonnigen Tag auf der Fensterseite kühler als auf der Seite, die Richtung Zimmer zeigt?"

Niemand kann sich erklären, weshalb das so sein soll. Selbst Besi ist ratlos. „Ich komme nicht drauf. Verrätst du uns die Lösung?"

„Jemand hat den Topf halb umgedreht." Corinna lacht sich beinah unter den Stuhl. Die meisten anderen lassen erkennen, dass sie den Scherz nicht wirklich gut finden.

Mehrere Kinder haben bereits an diesem ersten Vormittag der Projektwoche vollständige Versuchsanordnungen dabei. „Naomi und ich haben einen Luftantrieb für meine Blechseilbahn konstruiert", sagt Frederike nach Entgegennahme der Räuberpuppe. „Dürfen wir ihn vorführen?" Sie hält eine etwa zehn Zentimeter hohe Seilbahn hoch.

„Wo hast du denn so ein wunderschönes Blechmodell her?", fragt Frau Besenbinder.

„Das hat Papa von seinem letzten Griechenlandbesuch mitgebracht", erzählt Frederike.

„Na, dann legt los", stimmt die Lehrerin zu.

Während Frederike das eine Ende einer Schnur an die Türklinke bindet, befestigt Naomi das andere Ende am nächstliegenden Fenstergriff. Naomi bläst einen dieser langen, dünnen Luftballons auf, aus denen man Figuren knoten kann. Frederike hängt die kleine Seilbahnkabine mit den Rädchen unmittelbar vor der Türklinke an die Schnur. Mit Daumen und Zeigefinger klemmt

Naomi den Luftballon zu. Frederike schiebt ihn durch ein Plastikröhrchen und fixiert das Röhrchen mit Klebeband am Boden der Kabine. Die Mädchen zählen auf drei und lassen die Konstruktion gleichzeitig los. Der aus dem Ballon austretende Luftstrom treibt die Gondel hinauf Richtung Fenstergriff.

„Zu Hause hat's weniger geruckelt", entschuldigt sich Naomi, nachdem die mit Luft betriebene Seilbahn das Fenster erreicht hat. Einen kräftigen Applaus erhalten sie trotzdem.

Als Qadir einen Papierflieger präsentiert, wird er zunächst belächelt. Erst als er die Funktion des Gummimotors erklärt, mit dem er den Flieger ausgestattet hat, erhält auch er Beifall.

Ulli verwendet ebenfalls einen Luftballon. Allerdings bläst er ihn nicht auf, sondern füllt ihn am Waschbecken mit Wasser.

„Pass auf, gleich platzt er", warnt Frau Besenbinder.

Unbeirrt lässt Ulli den Ballon immer praller werden. „Alles im Griff. Die Dinger halten was aus."

Zu Ullis Leidwesen erweist sich die Lehrerin jedoch als Hellseherin. PLATSCH! „Ups. Der war wohl nicht so stabil“, kommentiert er die Panne, obwohl er triefnass geworden ist, mit trockenem Humor.

Amüsiert versucht Besi mit Handzeichen, die jauchzenden und grölenden Kinder zur Ruhe zu bringen. „Wie wäre dein Experiment denn weitergegangen?"

„Eigentlich wollte ich zeigen, dass der Ballon nicht platzt, wenn ich ihn über eine Kerze halte. Die Hitze der Flamme wird vom Wasser verteilt." Er hebt die Schultern. „Vielleicht kann ich das ein anderes Mal vorführen? Jetzt würde ich nämlich gern zum Klo gehen, um mich, ähm, trockenzulegen."

Oskar prustet los. „Trockenlegen! Hast du Windeln dabei?"

„Lass dir von Frau Lukas ein Handtuch geben", rät ihm die Lehrerin. „Und einen Wischlappen, um die Pfütze aufzuwischen."

„Gebongt." Grinsend verlässt Ulli das Zimmer und bekommt als Einziger nicht mit, dass Besi während der folgenden Versuche allmählich die Fassung verliert.

Ein erstes Stirnrunzeln zeigt sie, als Eleonore beschreibt, wie man Streichholzraketen konstruiert und abschießt. Das nächste Experiment betrachtet die Lehrerin ebenfalls mit Skepsis. Tina durchbohrt eine Haushaltskerze mit einer Stricknadel, lagert diese auf den Rändern zweier Gläser und zündet die Kerze auf beiden Seiten an. Da auf der jeweils nach unten zeigenden Seite das

Wachs schneller schmilzt und diese Seite dadurch leichter wird, schaukeln die brennenden Enden auf und ab.

Schließlich stellt Katharina einen Teller vor sich auf den Fußboden und kündigt einen Versuch mit einem Magnesiumfaden an.

Schockiert reißt Frau Besenbinder die Augen auf. „Wo um alles in der Welt hast du das Magnesium her?“, fragt sie, ehe die Schülerin den silbrig glänzenden, lamettadünnen Faden anzündet. Dass ein Kind der dritten Klasse an so etwas herankommt, kann die Lehrerin kaum fassen.

„Von meinem Bruder, wieso?“

„Und der hat das Magnesium von wem?“

Katharina wundert sich über Frau Besenbinders Reaktion. „Er studiert Chemie.“ Sie reißt ein Stück des Fadens ab, zündet es auf dem Teller an, um dann Wasser in die gleißende Flamme zu spritzen. Sofort brennt die Flamme größer und heller. „Brennendes Magnesium lässt sich nicht mit Wasser löschen“, erklärt Katharina. „Im Gegenteil. Das Feuer brennt noch heftiger, weil dem Wasser der Sauerstoff entzogen wird.“

Nach wenigen Sekunden geht die Flamme von alleine wieder aus. Dennoch stockt der Lehrerin sowohl wegen des Experiments mit offenem Feuer als auch wegen des beißenden Geruchs der Atem. Sie öffnet das Fenster, um den Rauch aus dem Zimmer zu bekommen.

Katharina gibt derweil Ronja an Xaver weiter, der die Funktion eines Heißluftballons erklären möchte. Leo assistiert, indem er das selbst konstruierte Ballonmodell an der oben angebrachten Fadenschlaufe festhält. Xaver stellt ein Döschen Brennpaste in den kleinen Ballonkorb. Als er die Paste gerade anzünden will, kehrt Ulli mit Wischmopp und Eimer ins Klassenzimmer zurück. Besi hebt die Hände und ruft: „Stopp!“

„Ähm – wieso?“, fragt Ulli verwundert.

Die Lehrerin stutzt. „Ich mein nicht dich, Ulli.“

„Hätte mich auch gewundert“, erwidert er knapp, stellt die Putzutensilien beim Waschbecken ab und setzt sich auf seinen Platz im Stuhlkreis.

Das Streichholz noch immer an die Reibfläche der Schachtel haltend, als wäre er wie die Schlossbewohner im Märchen von Dornröschen mitten in der Bewegung erstarrt, blickt Xaver auf die Lehrerin. „Hab ich was falsch gemacht?“

Frau Besenbinder nimmt ihm die Streichhölzer aus der Hand. „Noch nicht, Xaver, noch nicht.“ Deutlich hörbar atmet sie tief durch. „Kinder, ich glaube, wir müssen reden.“

„O-oh“, macht Oskar.

Die Lehrerin lächelt. „Keine Sorge. Ihr wisst ja, dass ich noch nie jemandem den Kopf abgerissen habe.“ Sie blickt auf die Uhr. „Wir legen eine kurze Pause ein. Zum Auspowern geht's einmal rund um das Schulgebäude. Aber ohne Lärm – die anderen arbeiten noch. In fünf Minuten seid ihr wieder hier.“

3. Kapitel

Feuer unterm Hintern

„Zunächst möchte ich euch sagen", beginnt die Lehrerin, als die Kinder nach der Bewegungspause wieder auf ihren Stühlen sitzen, „dass ihr euch mit den bisherigen Versuchen tolle Sachen habt einfallen lassen."

„Aber?", fragt Corinna.

„Am besten beginne ich mit unserem Vulkanexperten." Die Lehrerin blickt auf Murat. Während der Pause hat sie sich von den am Feuerwerk beteiligten Kindern erzählen lassen, weshalb die Hausmeisterin mit ihr reden möchte. „Es ist durchaus möglich, dass Frau Lukas ein größeres Unglück verhindert hat, als sie bei den Containern aufgetaucht ist und Murats selbst gebastelten Vulkan erstickt hat." Sie atmet tief durch. „Abgesehen davon, dass alle selbst gebauten Feuerwerkskörper höchst gefährlich sind, ist der Winter in diesem Jahr extrem trocken. Habt ihr nicht mitbekommen, dass auf akute Waldbrandgefahr aufmerksam gemacht wurde?"

Die Kinder schütteln die Köpfe.

„Das erstaunt mich zwar ein wenig, aber dann wisst ihr es jetzt. Ich möchte euch dringend bitten, diese Tatsache nicht sofort wieder zu vergessen. Und dann kommt heute ein Kind nach dem anderen mit irgendwelchen Feuerspielchen an. Wobei die Kerzenschaukel noch harmlos ist. Aber schon Eleonores Streichhölzchenrakete …", Besi führt den Satz nicht zu Ende. Sie spricht Eleonore direkt an: „Wo hast du deine Streichholzrakete gezündet?"

„In meinem Zimmer", antwortet sie unschuldig wie ein Engelchen.

Frau Besenbinder verdreht die Augen. „Welch ein Glück, dass es gut ausgegangen ist."

„Na ja", erwidert Eleonore zerknirscht, „ich hab ein Loch in den Teppich gebrannt. Meine Eltern haben es aber noch nicht entdeckt."

Besi wirft den Kopf in den Nacken und hebt flehend die Hände. „Kinder!", ruft sie. „Genau das meine ich! Ihr geht mit offenem Feuer um, als wäre das die harmloseste Sache der Welt. Seht ihr zu viel fern, oder was?"

„Gerade da erzählen sie uns doch ständig, dass wir vorsichtig sein sollen", gibt Ulli zu bedenken.

„Du erwartest jetzt nicht von mir“, fragt Besi, „dass ich euch frage, ob ihr zu wenig Fernsehen schaut, oder?“

„Das würde mich überraschen“, erwidert Ulli und ist froh, dass die Lehrerin sogar in diesem Moment ihren Humor nicht zu verlieren scheint.

Frau Besenbinder wendet sich an Katharina: „Und dein leicht entflammbares Magnesium ist im wahrsten Sinne des Wortes brandgefährlich.“

„Zu Hause haben mein Bruder und ich Schutzbrillen aufgesetzt und sind in die Waschküche gegangen“, rechtfertigt sich Katharina.

„Nur hattest du heute deine Schutzbrille leider nicht dabei – und an deine werten Mitschülerinnen und Mitschüler hast du auch keine verteilt.“

Katharina blickt auf ihre Füße. Sie hat verstanden.

Besi ist mit ihrer Aufzählung jedoch noch nicht fertig. „Xaver trägt Brennpaste im Schulranzen spazieren, um uns den Heißluftballon vorzuführen. Versteh mich nicht falsch, Xaver, der Ballon ist wunderschön …"

„Pia hat den Korb gebastelt und Leo hat beim Nähen geholfen", unterbricht Xaver die Lehrerin.

Sie lächelt. „Das hab ich mir beinah gedacht." Leo hat sich bereits bei einem anderen Projekt als Profi an der Nähmaschine erwiesen und Pia ist für ihr Geschick ebenfalls bekannt. „Trotzdem scheint ihr nicht darüber nachgedacht zu haben, was passieren kann, wenn Brennpaste in einem kleinen, wackeligen Ballonkorb durchs Zimmer schwebt."

Ganz langsam schüttelt nun auch Xaver betroffen sein Haupt.

„Ich vermute weiter, dass ihr auch nicht unbedingt daran gedacht habt, für die Ballonhülle feuerfesten Stoff zu besorgen."

Leo zieht bedauernd eine Grimasse. „Stimmt." Seine Freundin Pia, die neben ihm sitzt, legt ihm tröstend den Arm um die Schultern.

„Bei Ulli war kein Feuer im Spiel!“, plappert Anton grinsend dazwischen.

„Ach? Schon vergessen, dass er den Wasserballon über eine Kerze halten wollte?“, entgegnet die Lehrerin.

„Ups“, sagt Anton.

Ulli hat nicht mitbekommen, dass über ihn geredet wurde. Er ist mit seinen Gedanken gerade ganz woanders. Irgendetwas hinter seinem Stuhl scheint wichtiger zu sein als die Worte der Lehrerin.

„Stimmt doch, Ulli?“, fragt die Lehrerin.

Er schreckt hoch. „Ähm, ja, sicher. Klar.“

„Du weißt doch nicht einmal, wovon ich rede.“

„Über Feuer? Dass es gefährlich ist und so?“

„Was versteckst du denn vor uns?“, fragt Besi, weil er beide Hände hinter der Stuhllehne verborgen hält.

Unschuldig hält er eine Hand hoch. „Nichts.“

„Und was hast du in der anderen?“

Ulli zögert.

„Ich warte.“

Ulli presst die Lippen aufeinander. Nur mit Mühe kann er es sich verkneifen zu grinsen. „Luft.“

Besi lässt nicht locker. „Ulli, was hast du in der anderen Hand?"

Ulli sieht ein, dass er aus dieser Nummer ohne eine klare Antwort nicht mehr herauskommt. Er lässt einen aufgeblasenen Luftballon, den er heimlich hinter seinem Rücken platzen lassen wollte, los. In wilder Flugbahn saust der Ballon schnurrend durchs Zimmer, um direkt vor Besis Füßen zu landen.

„UL-LI!", weist sie ihn unter dem johlenden Gelächter der anderen Kinder zurecht.

„Das war jetzt aber nichts mit Feuer", sagt Ulli.

„Du bekommst gleich Feuer unterm Hintern!", sagt die Lehrerin noch immer in strengem Ton.

Nur mit Mühe schafft es Ulli, ernst zu bleiben. „Ist das nicht gefährlich?"

„Was?", fragt Frau Besenbinder irritiert.

„Feuer unterm Hintern. Wegen Brandgefahr. Sie sagten gerade …"

Die Lehrerin verdreht die Augen. Wie oft hat sie bei Ulli schon um Fassung gerungen? Wie oft hat sie bei ihm schon dagegen ankämpfen müssen, die Geduld zu verlieren?

Schließlich plappert auch noch Oskar dazwischen: „Bekommen wir vorher alle Schutzbrillen?"

Besi weiß nicht, worauf er hinauswill. „Schutzbrillen wofür?“

„Wegen des Feuers unter Ullis Hintern.“

Alle Blicke richten sich auf die Lehrerin. Den meisten Kindern ist klar, dass sie bei wichtigen Themen eine gewisse Ernsthaftigkeit erwartet. Wie wird sie reagieren? Als sie nach wenigen Sekunden der Stille anfängt zu lachen, stimmen alle erleichtert mit ein. Ulli und Oskar, die an diesem Morgen im Stuhlkreis nebeneinandersitzen, zeigen ihre Freude über die gelungenen Pointen, indem sie einander abklatschen.

„Und nun reißt euch zusammen“, sagt Besi nach diesem unterhaltsamen Zwischenspiel. Tatsächlich genügen im weiteren Verlauf der Schulstunde ein paar kleine Gesten der Lehrerin, damit die Kinder ihr die volle Aufmerksamkeit schenken. Als sie wieder eine Pause einlegen, ist sie sicher, dass ihre Schützlinge begriffen haben, dass sie beim Umgang mit Feuer zukünftig mehr Vorsicht walten lassen müssen.

Bis zum Ende des Schultages haben die Kinder der 3a mit der Lehrerin die Versuche festgelegt, die sie im Laufe der Woche vertiefen wollen. Die drei Beiträge, die sie am Freitagabend dem Pub-

likum präsentieren werden, wollen sie später auswählen.

Favorit ist schon jetzt der Heißluftballon von Xaver, Leo und Pia. Mit dem Modell haben die drei alle beeindrucken können. Allerdings kommt eine Vorführung des Ballons nur dann infrage, wenn wirklich klar ist, dass nichts passieren kann. Das könnte bei einem Objekt, das mit offenem Feuer über den Köpfen der Zuschauer schwebt, problematisch werden.

4. Kapitel

Countdown läuft

Nach Schulschluss wird auf dem Nachhauseweg darüber geredet, welche Experimente beim Publikum am besten ankommen würden. Ein paar ziehen über Naomis und Frederikes Gondelbahn her, weil sie so sehr geruckelt hat.

„Macht es besser“, sagt Naomi.

„Jederzeit“, prahlt Anton und unterbreitet zwei Vorschläge, wie die Bahn reibungsfreier laufen könnte. Er würde die Schnur straffer spannen und die kleine Blechkabine mit mehr Rädchen bestücken.

„Zusätzliche Rädchen anbringen geht ja leider nicht, aber das mit dem straffen Seil ist tatsächlich schlau“, lobt Naomi, was Anton eine verlegene Röte ins Gesicht treibt.

Zacharias, Anton, Murat und Hanna beratschlagen, wann und wo sie den Eimer für Frau Lukas besorgen sollen.

„Was kann so ein Ding wohl kosten?“, fragt Hanna.

„Hoffentlich nicht so viel“, grummelt Murat, der sich längst darüber im Klaren ist, dass er für seine neuen Schulsachen eine Stange Geld brauchen wird. Er deutet mit dem Daumen auf die verbrannt riechende Tasche auf seinem Rücken. „Ich werde in nächster Zeit kaum in Kohle schwimmen. Das muss ich mit Sicherheit vom Taschengeld bezahlen.“

„Kann dir dein Bruder nicht aushelfen?“, fragt Anton. „Er hat dir den Vulkan schließlich gegeben!“

Murat winkt ab. „Der hat selbst nie genug Kohle. Außerdem werde ich ihm garantiert nicht unter die Nase reiben, dass die Knallfrösche, die ich an Silvester aus seiner Kiste geklaut hab, in meiner Schultasche losgegangen sind." Er muss selbst darüber grinsen, wie doof das war.

„Wenn die Lukas nicht dagewesen wäre", meint Anton, „hätte ich mich weggeschmissen vor Lachen."

„Eins kapier ich aber noch immer nicht", sagt Hanna.

„Nämlich?", fragt Zacharias.

Hanna schüttelt den Kopf. „Dass ausgerechnet du vorgeschlagen hast, dass wir zusammenlegen sollen."

„Wieso wundert dich das?", fragt Zacharias, obwohl er ahnt, was dahintersteckt.

Hanna lacht. „Weil du ständig nur angibst, wie viel Kohle ihr habt, aber selten auf die Idee kommst, auch mal was zu spendieren."

„Und?", schnauzt Zacharias. „Stört's dich?"

„Na bitte", sagt Hanna. „Wieder ganz der Alte."

Zacharias stellt sich ihr in den Weg.

„Was?", stößt sie unbeeindruckt hervor.

Zacharias funkelt sie an. „Sei froh, dass du ein Mädchen bist."

„Hä?", macht Hanna. „Was soll das denn jetzt bedeuten?"

„Wenn du ein Junge wärst“, klärt Murat sie auf, „hätte er dir längst eine gedonnert.“

„Pff.“ Hanna geht kopfschüttelnd davon.

Zacharias macht Anstalten ihr nachzusetzen, doch Murat hält ihn fest. „Lass sie.“ Ein paar Schritte gehen sie schweigend nebeneinander. „Ganz unrecht hat Hanna ja nicht.“

„Wie jetzt?“ Zacharias klingt bockig.

„Nimm es mir nicht übel, aber du hast wirklich schon oft wegen eurer vielen Kohle geprahlt – und warst gleichzeitig nicht unbedingt groß-

zügig.“ Murat blickt Zacharias von der Seite an. „Egal. Ich finde deinen Vorschlag total klasse.“

Zacharias nickt. „Vielleicht kann ich dir auch bei deinen Schulsachen aushelfen …“

„Echt jetzt?“, fragt Murat überrascht. „Boah ey, das wär super.“

„Was wäre super?“, fragt Xaver, der erst in diesem Moment zu den beiden aufschließt.

„Wenn wir deinen Ballon steigen lassen könnten“, antwortet Zacharias, um vom Thema abzulenken. Er hat sich tatsächlich vorgenommen, weniger anzugeben und insgesamt netter zu sein. Aber wenn er selbst darüber redet, wird ihm das sicher gleich wieder negativ ausgelegt.

Xaver hebt abwehrend die Hände. „Besser nicht. Besi hat schon recht: Die Brennpaste könnte die ganze Bude in Brand setzen."

„Wer redet denn von drinnen?", erwidert Zacharias. „Lasst uns einfach nach draußen gehen."

Dagegen hat wiederum Murat einen Einwand: „Hübsche Idee. Aber was ist mit der Trockenheit, vor der Frau Lukas gewarnt hat?"

Zacharias bleibt hartnäckig. „Man könnte den Ballon an die Leine nehmen."

Leo, der das Gespräch verfolgt hat, zeigt sich begeistert: „Das ist die Idee! Angebunden haben wir ihn unter Kontrolle. Wir müssen ihn ausprobieren."

„Ihr habt ihn noch kein einziges Mal steigen lassen?", fragt Katharina.

„Wann denn? Er ist doch erst gestern Abend fertig geworden", antwortet Pia.

„Was macht euch dann so sicher, dass das Ding tatsächlich aufsteigt?", fragt Murat.

„Wir haben uns eben ganz genau an die Bauanleitung gehalten", erwidert Xaver überzeugt. „Wann und wo sollen wir uns treffen?"

„Um drei?", fragt Leo und sieht dabei seine Freundin an.

Pia nickt. „Bei Xaver."

„Geht es auch später?", bettelt Katharina. „Meine Geigenstunde ist erst um drei zu Ende."

„Dann eben um halb vier", sagt Zacharias. „Ich bring noch was anderes zum Fliegenlassen mit."

„Ballone fliegen nicht, die fahren", belehrt ihn Leo.

„Klar, weil ein Ballon Räder hat", lästert Anton. „Ganz was Neues."

„Ballone sind Luftschiffe. Und Luftschiffe fahren", kontert Leo. „Das haben Xaver und ich auf der Suche nach Bauplänen herausgefunden."

„Fahren, fliegen – voll egal. Hauptsache, er stürzt nicht ab", beendet Zacharias die Diskussion. „Wir sehen uns um halb vier bei Xaver. Countdown läuft!" Zum Abschied hebt er die Hand und biegt ab in seine Straße.

5. Kapitel

Auf und davon

Als es am Nachmittag im Minutentakt an Ippigs Wohnungstür klingelt, gerät Xavers Mutter fast aus dem Häuschen. Wie oft hat sie sich Sorgen gemacht, weil es ihr Sohn aufgrund seiner Körperfülle nicht immer leicht hat, mitzuhalten und Freunde zu finden? Die vielen Besucher sind ihr herzlich willkommen und sie bietet an, schnell ein paar süße Teilchen vom Bäcker zu besorgen. Die Kinder verzichten auf ihr freundliches Angebot und sind so schnell wieder draußen, wie sie gekommen sind. Wie eine Horde Elefanten rumpeln sie die Treppen hinunter. Vor der Haustür stoßen sie auf Hanna und Oskar, die über Murat und Anton vom Treffen bei Xaver erfahren haben. Gemeinsam gehen sie zum Spielplatz gegenüber, um den Ballonstart vorzubereiten.

Leo ist nicht sicher, ob das dünne Garn, das er im Nähkasten gefunden hat, fest genug ist. „Was Festeres hab ich nicht gefunden. Und Mama war nicht da."

„Je dünner, desto leichter", sagt Pia. „Vielleicht käme der Ballon mit einer dickeren Schnur nicht mal vom Boden."

„Ich fänd eine dickere auch besser", sagt Xaver.

„Klar, dick passt ja auch besser zu dir", hänselt Anton, weil er weiß, dass solche Bemerkungen Xaver inzwischen kaltlassen. „Ich glaube, dass Leos Garn das aushält. Hört auf zu quatschen und macht das Ding startklar."

Pia stimmt zu. „Hauptsache, der Knoten hält."

Die Ballonbauer binden das Garn an eine der Schnüre, mit denen der Korb an der Hülle befestigt ist.

„Ein Doppelknoten kann nicht schaden", gibt auch Hanna eine Empfehlung ab.

Einige Kinder schauen Zacharias zu, der auf der Holzumrandung des Sandkastens Vorbereitungen trifft, seinen ferngesteuerten Hubschrauber fliegen zu lassen. Sein Vater hat ihm das teuerste und neueste Modell mitgebracht, das man auf dem Spielzeugmarkt erwerben kann. Trotzdem ist es Zacharias bislang erfreulich gut gelungen, seinem Ruf als Angeber nicht gerecht zu werden. Er lässt die Motoren des etwa 25 Zentimeter langen Modells sirren, bewegt die Kipphebel der Fernsteuerung – der Hubschrauber hebt ab. Sich langsam um die eigene Achse drehend, steuert Zacharias das Modell in einer Höhe von etwa zwei Metern rund um den Spielplatz. Direkt vor seinen Füßen bringt er ihn wieder zur Landung.

„Ist der schwierig zu steuern?“, fragt Murat.

Zacharias zuckt mit den Schultern. „Geht eigentlich babyleicht.“

„Darf ich mal?“

Zacharias zögert. Er weiß nicht, ob er das wirklich möchte. Schließlich gibt er sich einen Ruck. „Warum nicht?“ Er scheint die Fernsteuerung weiterreichen zu wollen. Dann hält er inne. „Was haltet ihr davon, wenn jeder mal darf und dafür …?“

„Oh, Mann, das war klar“, fällt ihm Oskar ins Wort. „Du willst Kohle dafür haben.“

Zacharias nickt.

„Wieso hab ich das nicht kommen sehen?“, fragt Murat theatralisch.

Im Stillen ärgert sich Zacharias, dass ausgerechnet Murat diesen Kommentar abgibt. Seine Idee hat nämlich etwas mit ihm zu tun. „Wenn ich Kohle dafür haben will, ist die nicht für mich“, wendet er sich trotzig an alle Umstehenden. „Wer den Helikopter fliegen möchte, kann freiwillig etwas spenden. So viel, wie er bereit ist zu zahlen oder eben zahlen kann. Wenn genug Leute mitmachen, reicht das Geld für einen neuen Eimer.“ Er blickt auf Murat. „Falls mehr zusammenkommt, verwenden wir es für deine Schulsachen.“

Zacharias hält Murat die Steuerung hin. „Du bist der Erste. Und der Einzige, der fliegen darf, ohne etwas zu spenden.“

Murat schluckt. Damit hat er nicht gerechnet. „Voll cool, Mann. War gerade eben echt nicht so gemeint.“

Ehe Murat die Fernsteuerung übernehmen kann, gibt Leo bekannt, dass der Heißluftballon jeden Moment startklar ist. „Gleich geht’s los, Leute! Die Hülle ist prall!“

Natürlich zieht es nun alle zum selbst gebauten Luftschiff. Erwartungsvolle Blicke ruhen auf dem Ballon. Als er abhebt, geht ein Raunen durchs Publikum. Zentimeter um Zentimeter steigt er auf. Ganz langsam. Fast majestätisch.

„Wie viele Meter Garn sind auf der Rolle?“, fragt Pia ehrfurchtsvoll flüsternd.

Leo liest das kleine Etikett. „100 Meter. Die Rolle ist aber nicht neu. Keine Ahnung, wie viel schon verbraucht ist."

„Pass auf, dass dir das Ende nicht entwischt", mahnt Pia.

Xaver ist total zappelig. „Der ist schon höher als die Baumkronen! Gib Leine, Leo, gib Leine!"

Leo hält die Garnrolle so, dass sich der Faden automatisch nach oben abwickelt. Inzwischen schwebt der Ballon auf Höhe des dritten Stockwerks, in dem Xaver wohnt.

„Super!" – „Total klasse!" – „Voll die starke Nummer!", rufen die Kinder bewundernd.

Leo hält den Faden fest und stoppt den weiteren Aufstieg. „Ich finde, das reicht."

Eine sanfte Brise drückt den Ballon kurz in Schräglage. Armlänge um Armlänge holt Leo den Faden ein.

Hanna zückt ihr Telefon, um ein Foto zu machen. „Lass ihn noch einen Moment dort oben stehen.“ Sie nimmt den Ballon ins Visier. Klick. Sie zeigt das Bild herum. „Boah! Seht mal, wie schön.“ Die Kinder stecken die Köpfe zusam-

men. Im Licht der tief stehenden Sonne könnte man meinen, über den Dächern der Häuser schwebe ein echter Heißluftballon. Der dünne Faden ist auf dem Foto überhaupt nicht zu sehen.

Während Leo den Ballon weiter einholt, lässt Zacharias erneut den Hubschrauber aufsteigen. „Ich gebe ihm Begleitschutz."

„Flieg nicht zu nah ran", mahnt Katharina. „Wäre doch schade, wenn er von den Rotorblättern zerfetzt würde."

„Schieb nicht gleich wieder Panik", sagt Zacharias, ohne den Blick von seinem Modell zu wenden. „Für wie blöd hältst du mich? Wenn ich meinen Heli in den Ballon manövrieren würde, stürzen beide ab und sind hinüber." Mit sanften Bewegungen der Hebel seiner Fernsteuerung lässt er den Hubschrauber auf Höhe des Ballons in sicherem Abstand in der Luft stehen. Zacharias scheint die Steuerung perfekt zu beherrschen.

Hanna hält die Flugshow mit weiteren Handyfotos fest.

„Was ist denn jetzt los?", schreckt Leo die anderen auf. „Der Ballon haut ab!"

Katharina rauft sich die Haare. „Zacharias! Ich hab doch gesagt, du sollst nicht so dicht ran!"

„Mein Heli war total weit weg!“, wehrt sich der Beschuldigte.

Leo starrt fassungslos auf das Röllchen in seiner Hand. Der durchtrennte Faden schwebt zu Boden.

„Mann, der Knoten war zu locker“, jammert Xaver.

Pia hebt das Fadenende vom Boden auf. „Nein, der Faden ist durchgebrannt.“

„Der Faden muss in die Flamme geraten sein“, stellt Oskar sachlich fest. „Vielleicht, als der Wind den Ballon in Schieflage gedrückt hat.“

„Er treibt zum Wald!“, alarmiert Anton die anderen. Er hat Frau Lukas’ und auch Besis mahnende Worte wegen der Trockenheit noch im Ohr. „Wenn er in den Bäumen hängen bleibt, gibt’s Zunder.“

Mit bangen Blicken sehen die Kinder dem Ballon hinterher.

Zacharias löst sich als Erster aus der Starre. „Ich versuche ihn mit dem Heli abzufangen!“ Den Blick auf das Modell gerichtet, nimmt Zacharias die Verfolgung auf. Für ein paar Sekunden wird ihnen die Sicht auf das Luftschiff durch Häuser verwehrt. Zu Fuß laufen die anderen Kinder hinter Zacharias her und holen ihn ein. Zacharias muss sich nebenher um die Steuerung kümmern. Im Schlepptau der anderen biegt er als Letzter um die Straßenecke. Nun hat er wieder freie Sicht und kann die höhere Geschwindigkeit des Helikopters ausspielen. Gleich hat er den Ballon erreicht.

„Schnapp ihn dir, Zacharias!“, feuert Anton ihn an.

Der Hubschrauber schwebt unmittelbar über der bunten Hülle. Zacharias senkt das Modell herab, um den Ballon nach unten zu drücken.

Alle beobachten das Flugmanöver hoch über ihren Köpfen. „Echt irre!“ – „Gleich hat er ihn!“ – „Boah!“ – „Versuch auf der Hülle zu landen, Zacharias!“

Xaver spricht aus, was alle fürchten: „Pass auf! Gleich stürzen beide ab!“

Tatsächlich. Kaum haben die Kufen des Helikopters die Hülle berührt, gerät der Ballon in Schieflage. Die Rotorblätter fressen sich in den Stoff. Es knirscht, die Motoren verstummen und ein Knäuel aus Stoff, Leichtmetall und Plastik stürzt wie ein Stein, der an einem defekten Fallschirm hängt, zu Boden und landet im Gestrüpp.

Xaver schießen Tränen in die Augen. „Jetzt ist er kaputt!“, ruft er voller Wut und Trauer.

Die Kinder rennen zur Absturzstelle. „Es brennt!“, ruft Katharina.

Die Brennpaste aus dem Ballonkorb hat die knochentrockenen Zweige in Brand gesetzt. Jetzt muss auch der Letzte einsehen, dass alle Warnungen begründet waren. Hektisch treten alle Kinder mit den Füßen auf die Flammen.

Hanna zückt ihr Telefon. „Soll ich die Feuerwehr rufen?“

„Nein!“, rufen mehrere Kinder gleichzeitig.

„Wir schaffen das schon!“, stößt Murat keuchend hervor.

Zum Glück behält er recht. Tatsächlich sind die Flammen nach wenigen Minuten erloschen. Hier und da qualmt noch ein Glutherd, der so lange weiterbearbeitet wird, bis die Gefahr endgültig vorüber ist. Wie die begossenen Pudel stehen die Kinder um die Absturzstelle herum.

6. Kapitel

Eid gegeben, Eid gebrochen

„Das war's dann mit Spenden sammeln", stellt Murat geknickt fest.

Leo, Zacharias und Xaver knien über dem verkohlten Knäuel aus Ballon- und Hubschrauberteilen. Nicht nur Xaver hat Tränen in den Augen.

Obwohl er durch das Flugmanöver sicher Schlimmeres verhindert hat, steht Zacharias wütend auf und verpasst den angekohlten Teilen einen Tritt. „Mein Vater kriegt 'nen Anfall!"

Wegen seiner Neigung zur Prahlerei hat sich Zacharias in der Vergangenheit immer wieder aus der verschworenen Gemeinschaft der Klasse 3a katapultiert. Jetzt versuchen ihn die anderen zu trösten.

„Wir können ja zusammenlegen", schlägt Anton leise vor.

„Und Besi fällt garantiert auch was dazu ein", sagt Pia.

„Spinnst du?", stößt Zacharias hervor. „Niemand darf etwas von diesem Absturz wissen."

Wie immer, wenn sich jemand gegenüber Pia negativ äußert, schaut Leo Zacharias finster an. „Kannst du uns auch erklären, warum?"

Anton ahnt, weshalb sich Zacharias so deutlich dagegen ausspricht, die Lehrerin einzuweihen. „Weil dann erst eine richtig fette Nummer daraus wird." Er zeigt auf die verkohlte Absturzstelle. „Erst die Sache mit Tütes Vulkan heute Morgen und jetzt das. – Wer von euch bekommt zu Hause keinen Ärger, wenn unsere Zündelei hier an die große Glocke gehängt wird?" Er erhält keine Antwort. „Dann sind wir uns ja wohl einig."

Niemand möchte widersprechen. Es ist wohl besser, den Vorfall nicht mehr zu erwähnen. Sie schwören einander zu schweigen.

Am Dienstag kommt Murat mit einem Stoffbeutel zur Schule. Er ist froh, während der Projektwoche auf Schulbücher und Hefte verzichten zu können. So bleibt ihm Zeit, die angekohlten Sachen unauffällig zu ersetzen. Während seine Eltern keinen Schimmer haben, hat Murat seinem Bruder Okan die Sache mit den Knallfröschen doch noch gestanden. Okan hat ihm erst einen Klaps auf den Hinterkopf gegeben und ihm dann ordentlich die Leviten gelesen. Murat solle in Zukunft gefälligst besser auf sich aufpassen. Nach der Standpauke prustete Okan allerdings los und konnte kaum noch aufhören zu lachen. Nach Luft ringend amüsierte sich der große Bruder über die Panne mit den Knallfröschen in der Schultasche. Die paar Euro, die ihm Okan am Ende zum Trost in die Hand drückte, helfen Murat aber auch nicht weiter.

Wie schon am Montag bringen ein paar Kinder auch heute komplette Versuchsanordnungen mit, die sie daheim bereits ausprobiert und nun für die Klasse vorbereitet haben. Allerdings stoßen die Vorführungen nicht auf das Interesse, das sich Besi erhofft hat.

Während sie Wolframs Obstbatterie, mit deren Hilfe er im abgedunkelten Klassenzimmer die Anzeige einer Digitaluhr zum Leuchten bringt, großartig findet, erhält er von der Klasse lediglich einen lahmen Applaus.

Als auch Naomis Holzschiffchen, das in einer Wanne mit Spülmittelantrieb übers Wasser fährt, bei den Kindern nur wenig Begeisterung auslöst, beginnt Besi sich über die seltsam gedämpfte Stimmung zu wundern. „Was war das für eine

Riesenlaus, die offenbar den meisten von euch über die Leber gelaufen ist? Ist irgendwas Schlimmes passiert?“

Alle, die den gestrigen Absturz samt Feuer miterlebt haben, blicken auffällig unauffällig in die Gegend. Die meisten anderen begreifen nicht, was die Lehrerin meint, und zucken ratlos mit den Schultern.

Stefanie, die bereitsteht, um als Nächste etwas vorzuführen, sieht sich in der Klasse um, kann am Verhalten der anderen jedoch nichts Besonderes entdecken. „Wie kommen Sie darauf, dass was passiert sein könnte?“

„Ihr wirkt irgendwie – wie soll ich sagen …“, die Gefragte scheint nach dem passenden Wort zu suchen, „… verschnarcht?“

Ilona verschränkt die Arme vor der Brust und spielt die Empörte: „Könnten Sie das bitte zurücknehmen?“

Besi lässt sich auf das Spielchen ein und erwidert mit ebenso aufgebrachter Geste. „Nein.“

Ilona mag es, wenn Frau Besenbinder bei so etwas mitmacht. „Gut, dann ist der Fall für mich erledigt."

Auch Ulli kann sich einen Kommentar nicht verkneifen: „Die meisten haben bis tief in die Nacht an den Experimenten getüftelt und sind einfach hundemüde."

„Schließt du von dir auf andere?", fragt die Lehrerin.

„Nein, ich bin ganz brav ins Bett gegangen. Wie jeden Abend."

„Wer's glaubt", lästert Oskar.

Durch ihre Nachfrage ist die Lehrerin zwar noch immer nicht dahintergekommen, weshalb heute so viele Kinder bedrückt wirken, dennoch scheint der Bann gebrochen. Alle geben sich einen Ruck und beteiligen sich fortan mehr am Geschehen.

Als sich Stefanie mithilfe eines Klettergeschirrs, eines Seils und diversen Rollen, die am Deckenhaken befestigt sind, mit Leichtigkeit vom Fußboden hebt und Richtung Decke zieht, wird sie mit rhythmischem Klatschen angefeuert. Nach sicherer Rückkehr auf den Boden erhält sie einen kräftigen Applaus. Dennoch spürt die Lehrerin weiterhin eine gewisse Bedrücktheit. Zu Beginn der nächsten Pause verpasst Frau Besenbinder den Moment, um Murat und Zacharias unter sechs Augen zu fragen, was los ist. Die beiden sind schneller draußen, als die Lehrerin sie ansprechen kann.

So fragt sie einfach Anton und Hanna, ob sie wissen, was dahintersteckt.

Die beiden sehen einander an.

An ihrer Reaktion kann Frau Besenbinder ablesen, dass die Kinder vereinbart haben, nichts zu verraten. „Keine Sorge, ich möchte nur helfen."

Zögerlich offenbaren die beiden den Grund für die seltsame Stimmung und weihen die Lehrerin in ihr Geheimnis ein.

„Im Grunde geht es also darum, wie ihr das alles bezahlen sollt", stellt die Lehrerin am Ende fest.

„Na ja", druckst Hanna herum. „Es wäre tatsächlich gut, wenn wir das Geld für den Eimer, Murats Sachen und den Hubschrauber schnell zusammenbekämen."

„Und für den Ballon von Xaver, Leo und Pia", ergänzt Anton.

Hanna nickt. „Xaver war so was von traurig."

„Aber die Eltern dürfen nichts erfahren“, beeilt sich Anton mitzuteilen.

„Vor allem die von Murat und Zacharias“, fügt Hanna hinzu.

„Sie wissen ja, wie wütend Zacharias’ Vater werden kann“, sagt Anton.

„Ja, das habe ich mitbekommen.“ Frau Besenbinder betrachtet die beiden nachdenklich. „Ihr mit euren Geheimnissen.“

„Was geschieht jetzt?“, fragt Hanna.

„Das weiß ich noch nicht. Ihr braucht jedenfalls keine Angst zu haben, dass ich was verrate. Ich kann schweigen. Das wisst ihr doch?“

Beide nicken.

„Also, ab in die Pause.“

Als Hanna und Anton auf dem Schulhof auftauchen, werden sie gefragt, was sie so lange im Klassenzimmer gemacht haben.

„Ich hab Besi Fotos gezeigt“, erwidert Hanna harmlos und ohne zu zögern. „Von einem Versuch.“

Die anderen geben sich damit zufrieden. Anton ist erleichtert, dass Hanna so schnell eine Antwort parat hatte. Ihm wäre in diesem Moment nichts eingefallen. Dass Hanna auch die Fotos von der verkohlten Absturzstelle gezeigt hat und sie die Lehrerin in das Geheimnis eingeweiht haben, müssen die Mitschülerinnen und Mitschüler zumindest vorläufig nicht erfahren.

7. Kapitel

Alles Gute kommt von oben

In der letzten Stunde fährt Hanna und Anton der Schreck in alle Glieder. Frau Besenbinder fragt Xaver, Leo und Pia, ob sie Lust haben, am Freitagabend ihren Ballon dem Publikum vorzuführen. Die drei sind ebenfalls überrascht und wissen nicht, was sie sagen sollen. Ohne auf Antwort zu warten, fährt die Lehrerin fort: „Ich habe mich im Internet schlaugemacht, wo man schwer entflammbaren Stoff kaufen kann. Wenn ihr bereit wärt, einen neuen Ballon zu bauen und diesen nicht mit Brennpaste, sondern mit Teelichten zu beheizen, kann ich mir vorstellen, dass einer Vorführung in einem geschlossenen Raum nichts entgegensteht."

Xaver und Leo ringen um Worte. Pia erfasst die Situation am schnellsten. „Das wäre genial! Ich kann auch einen neuen Korb aus leichterem Material flechten. Teelichte geben ja nicht so viel Hitze ab." Ihre Begeisterung infiziert die ganze Klasse. So originell die anderen Versuche waren, ein durch die Halle schwebender Ballon dürfte im Wettbewerb der Experimente kaum zu überbieten sein.

„Zur Sicherheit nehmt ihr den Ballon an die Leine. Dann müssen wir nach der Veranstaltung auch nicht bis fünf Uhr morgens warten, bis er wieder zu Boden sinkt."

„Ähm, ja, sicher. Gute Idee. Das mit der Schnur. Irgendwie", stammelt Xaver.

Leo meldet sich. „Diesen gut brennbaren Stoff müssten wir aber schon heute haben. Sonst wird's zeitlich knapp."

Leo versteht nicht, weshalb er mit seiner Bemerkung ein großes Gelächter auslöst. Fragend sieht er zu Pia.

Auch sie kann sich vor Kichern kaum halten. „Du hast gut brennbaren Stoff gesagt, anstatt schwer entflammbaren."

„Oh." Wie immer, wenn er verlegen ist, wird Leo rot wie eine Tomate. Dass ihn Pia aufmunternd in den Arm nimmt, sind die anderen Kinder gewohnt. Schon lange macht sich niemand mehr darüber lustig, dass die beiden einander so nahe sind. Alle wissen, dass sie sich einfach richtig lieb haben.

Auch Frau Besenbinder schmunzelt. „Ich hab trotzdem verstanden, was du meinst, Leo. Die Adresse des Ladens habe ich euch aufgeschrieben." Sie reicht ihm einen Zettel.

„Den Laden kenn ich", sagt Leo überrascht. „Da hab ich mit Mama Stoff für das Kostüm in der Räuberprojektwoche gekauft. Der ist nicht weit von uns." Er wendet sich an Xaver. „Das machen wir, oder?"

Xaver kann nur noch begeistert nicken.

„Letzte Frage", wendet sich die Lehrerin an die 3a, um das Thema abzuschließen. „Sind alle einverstanden, den Stoff aus der Klassenkasse zu bezahlen?" Es kommen keine Einwände.

Am Ende des Schultages könnte die Stimmungslage der Kinder kaum unterschiedlicher sein. Während sich Xaver, Leo und Pia aufgedreht verabreden, um Stoff zu kaufen und ein neues Ballonmodell zu bauen, beratschlagen Murat, Zacharias, Anton und Hanna trübsinnig, wie sie das Geld für Eimer, Schulsachen und einen neuen Hubschrauber aufbringen sollen. Der von Anton ins Spiel gebrachte Vorschlag, eine Bank zu überfallen, kommt natürlich nicht infrage. Die vier gehen schließlich getrennte Wege, ohne eine Lösung gefunden zu haben.

Als es am späten Nachmittag beginnt zu schneien, freuen sich die einen auf Schneeballschlachten und Schlittenfahren. Andere wiederum haben keine Lust auf dicke Klamotten, schwere Stiefel und Handschuhe und können dem Wintereinbruch nichts Positives abgewinnen.

Bei Zacharias löst der stetig dichter werdende Schneefall einen Gedankenblitz aus. Nachdem er minutenlang die tanzenden Flocken beobachtet hat, springt er auf, um Murat anzurufen: „Hast du ’ne Schippe?“

„Was für ’ne Schippe?“

„Was für ’ne Schippe? Na, eine Schippe zum Schneeschippen.“

„Ich glaub, wir haben eine im Keller stehen. Brauchst du die für ein Experiment oder was?“

„Nein, zum Schippen. Pass auf, ich erklär’s dir.“

Nachdem Zacharias Murat seine Idee erläutert hat, beschließen die beiden die Telefonkette zu aktivieren, um die anderen Kinder der 3a über ihren Plan zu informieren.

Xaver, Leo und Pia sind zu diesem Zeitpunkt bereits im Stoffladen.

Die Verkäuferin empfängt sie mit freundlichem Lächeln. „Was kann ich für euch drei tun?“

„Wir brauchen ein paar leichte, bunte Bahnen schwer entflammbaren Stoff“, antwortet Pia.

„Wie breit sollen die Bahnen sein?“

„16 Streifen mit zwölf Zentimeter Breite und 80 Zentimeter Länge“, liest Xaver von seinem Notizzettel ab.

Die Verkäuferin runzelt die Stirn. „In der Regel liegen die Stoffe breiter. Da habt ihr viel Verschnitt.“ Ihre Miene hellt sich auf. „Vielleicht finden wir was bei den Resten. Darf ich fragen, wofür ihr den Stoff braucht? Damit ich weiß, wonach ich suchen muss.“ Sie steigt auf eine Leiter und zieht an einer Kiste, die auf dem obersten Regalbrett steht. Kaum ist die Kiste halb heraus, klappt ihr Boden auf und die Stoffreste fallen in einer bunten Woge über die Verkäuferin hinweg zu Boden. „Oje.“

„Ups“, macht Leo, ehe er ihre Frage beantwortet: „Für die Hülle eines Heißluftballons.“

„Deshalb schwer entflammbar. Verstehe.“ Sie steigt von der Leiter. „Soll der richtig fliegen?“

„Ballons fahren“, verbessert Xaver auch sie. „Ja, wir wollen ihn aufsteigen lassen.“

Die Verkäuferin hält inne. „Schwer entflammbar hin oder her, ist es nicht gefährlich, wenn das Ding mit offenem Feuer durch die Gegend fliegt?“

„Fährt“, sagt Xaver.

„Der erste ist uns abgefackelt und abgestürzt“, gibt Pia freimütig zu.

Zweifelnd zupft sich die Frau am Ohrläppchen. „Ich weiß nicht, ob ich das so gut finden kann, Kinder.“

Die drei sehen einander betreten an. Wie konnten sie nur so dumm sein und der Frau solche Einzelheiten erzählen? Pia fängt sich als Erste. „Unsere Lehrerin ist dabei. Sie hat auch Ihren Laden rausgesucht. Weil Sie solche Stoffe haben. Im Übrigen kommt der Ballon an die Leine.“

Die Gesichtszüge der Verkäuferin entspannen sich. Um sie endgültig zu überzeugen, dass sie auf Sicherheit bedacht sind, fragt Leo nach schwer entflammbarem Faden.

„Ich seh schon, ihr wisst, wovon ihr redet.“ Die Frau sammelt die Stoffe mithilfe der Kinder vom Boden auf und breitet sie auf einem großen Tisch aus. Mit sicherem Griff pflückt sie mehrere Stoffe aus dem bunten Haufen. „Sucht einfach aus, was ihr braucht. Ich bediene derweil die nächste Kundin."

„Was kostet der Stoff?" Als Verwalter der Klassenkasse ist Leo stets auf Sparsamkeit bedacht.

Die Verkäuferin blickt auf die Reste. „Wenn ihr versprecht, nicht mehr zu nehmen, als ihr tatsächlich braucht – nichts."

„Wow!" – „Versprochen!" – „Echt? Danke!", erwidern Xaver, Leo und Pia gleichzeitig.

Als sie den Laden verlassen, ist ihre Einkaufstasche voller Stoffreste, die für einen weitaus prächtigeren Ballon als das verunglückte Vorgängermodell reichen werden.

„So viel Schnee in so kurzer Zeit", sagt Xaver vor der Tür.

Leo rümpft die Nase. „Und ich hab natürlich nur Turnschuhe an."

„Bis zu dir nach Hause wirst du es schaffen." Pia zieht ihre Kapuze über den Kopf und hakt sich bei Leo unter. Bestens gelaunt stapfen sie durch fünf Zentimeter Neuschnee.

Währenddessen haben Zacharias und Murat mithilfe der Telefonkette mehr als die Hälfte der Kinder ihrer Klasse zum Mitmachen bewegt. In

verschieden großen Grüppchen ziehen sie los, um in ihrer jeweiligen Nachbarschaft die Wege zu den Haustüren von Schnee zu befreien. Sobald sie einen Zugang geräumt haben, klingeln sie an der Tür und sprechen die Bewohner an, ob sie für diesen Service einen kleinen Betrag erhalten können. Die Reaktionen könnten unterschiedlicher nicht sein: Katharina und Wolfram wird die Tür mit einem unfreundlichen Kommentar vor der Nase zugeschlagen. Dagegen ist eine ältere Dame, bei der Ulli und Ilona die Zufahrt freigeschippt haben, ausgesprochen freundlich. Die Kinder erhalten als Lohn jedoch kein Geld, sondern warmen Schokoladenkuchen, den die Frau soeben gebacken hat.

„Müssen wir den jetzt weiterverkaufen oder was?“, fragt Ulli, während sie zum Nachbarhaus stapfen.

„Blödsinn. Den haben wir zur Stärkung bekommen.“ Ilona beißt ihr Stück an. „Hmmm, oberlecker.“

Zacharias und Murat haben sich ebenfalls zu einem Zweierteam zusammengetan und gleich beim ersten Grundstück Glück. Ein Mann öffnet ihnen die Tür. „Eigentlich bezahle ich schon für regelmäßigen Winterdienst. Aber der kommt erst, wenn es nicht mehr schneit. Falls ihr Zeit habt, könnt ihr mir für einen Fünfer auch noch die Garagenauffahrt frei machen. Ich muss in einer Viertelstunde los.“

Mit großem Eifer machen sie sich an die Arbeit. Die Hoffnung, es könnte den ganzen Nachmittag so weitergehen, erfüllt sich leider nicht. Trotzdem können sie am Ende der Aktion zumindest den Eimer ersetzen.

„Da bleibt sicher noch was für deine Schulsachen“, sagt Zacharias.

Murat weiß das Angebot zu schätzen, bietet aber an, das Geld zunächst für einen neuen Hubschrauber zu verwenden.

„Wir schlagen den anderen vor, den Gesamtbetrag, der mit der Schipperei zusammenkommt, aufzuteilen", sagt Zacharias.

Murat ist absolut einverstanden. „Der Rest kommt in die Klassenkasse."

Zacharias lacht. „Optimist." Dass sie mehr verdienen könnten als nötig, glaubt er nicht.

8. Kapitel

Starterlaubnis verweigert

Am Folgetag herrscht weiter gute Laune. Die positive Stimmung kommt nicht von ungefähr. Die Schippaktion hat eine Summe eingebracht, die für Eimer, Schulsachen und Hubschrauber reicht. Damit sind alle aus dem Schneider und niemand muss noch irgendwelche Geständnisse ablegen.

Murat ist der Glücklichste von allen. „Sobald ich die neue Tasche habe, brauche ich keine Ausrede mehr, was mit der alten passiert ist. Falls Mama oder Papa überhaupt noch fragen."

„Heißt das, die haben noch nicht bemerkt, dass deine Sachen verkohlt sind?", fragt Katharina, die gestern im Anschluss an die erste Enttäuschung mit Wolfram die zweithöchste Summe erzielt hat.

„Ich hab behauptet, wir dürfen unsere Taschen während der Projektwoche in der Schule lassen."

„Cool", meint Anton. „Wäre ich nicht drauf gekommen."

„Das glaub ich“, erwidert Murat grinsend. „Aber im Vergleich zu dir hab ich auch mehr Grütze im Oberstübchen.“

„Du hast einen Nachtisch im Oberstübchen?“, kontert Anton schlagfertig. „Bei uns um die Ecke gibt’s übrigens einen Laden, in dem sie auch gebrauchte Schultaschen verkaufen. Vielleicht gibt es da eine, die aussieht wie deine.“

Murat hebt die Hand zum Abklatschen. „Guter Tipp, danke. Das war mal nicht unschlau!“

Im Lauf des Vormittags beginnt die Klasse mit der Festlegung der Experimente, die sie am Freitagabend vorführen will. Die Lehrerin freut sich über den Elan, den die Kinder nun an den Tag legen, und kann auch über die heimlich im Klassenzimmer versteckten Streiche lachen.

Sie erschrickt zwar bis ins Mark, als sie auf dem Weg hinters Pult eine Sirene auslöst, die das Computergenie Wolfram installiert und mit einer Lichtschranke versehen hat. Danach muss sich die Lehrerin erst mal setzen, um sich zu sammeln. Gegen dieses Schockerlebnis ist das Scheppern der Erbsentrommel, das im Laufe des Vormittags einsetzt, harmlos. Um dieses mysteriöse Geräusch auszulösen, haben Vicky und Frederike

ein Glas mit Erbsen gefüllt, Wasser darübergegossen und das Glas auf dem hohen Schrank hinten im Klassenzimmer versteckt. Als die erste aufgequollene Erbse über den Rand des Glases kullert und auf den darunterliegenden Blechteller fällt, nimmt die Lehrerin das Geräusch zwar wahr, kann aber nicht orten, woher es kommt. Im Laufe der nächsten Stunde macht es immer häufiger „tock“. Besi sucht das Klassenzimmer ab, findet das Glas jedoch erst, als die Erbsen im Sekundentakt aufs Blech fallen.

„Damit haben wir bei der Lesenacht im Kinderzentrum die anderen erschreckt“, erklärt Fre-

derike auf Nachfrage, wie sie auf diese Idee gekommen sind.

„Ja, das stell ich mir wirklich gruselig vor, wenn es in der Nacht mit einem Mal anfängt zu klopfen“, sagt Besi.

Vicky kichert. „Zwei von den Kleinen wollten um zwei Uhr nachts von den Eltern abgeholt werden. Am Ende ließen sie sich aber doch überreden zu bleiben.“

Erst als am Freitag der Ablauf des Abends besprochen wird, saust das Stimmungsbarometer wieder in den Keller. Zwar haben die Kinder das neue Ballonmodell von Xaver, Leo und Pia einhellig auf Platz eins gewählt, nun soll es allerdings aus Sicherheitsgründen doch nicht aufsteigen dürfen.

„Wozu haben wir dann den nicht brennbaren Stoff benutzt?“, fragt Leo enttäuscht.

„Der Stoff ist lediglich schwer entflammbar“, korrigiert Besi. „Bei großer Hitze kann er schon brennen.“

„Den neuen Korb hab ich extra aus Draht geflochten“, sagt Pia. „Da kann nichts brennen.“

„Sogar die Schnüre der Korbaufhängung haben wir durch Draht ersetzt“, jammert Xaver.

Die Lehrerin bleibt hart. „Tut mir leid, da ist nichts zu machen. Wir haben in der Konferenz ausführlich über das Risiko gesprochen und beschlossen, dass offenes Feuer nur an den Experimentiertischen erlaubt sein wird. Das gilt für alle Klassen. Ihr könnt den Ballon aufbauen und mit Teelichten beheizen. Während ihr dem Publikum das Prinzip der Heißluft erklärt, wird der Ballon wie alle Versuche per Videokamera auf die Leinwand übertragen. Bei abgedunkelter Halle werdet ihr trotzdem einen tollen Eindruck machen. Ihn über den Köpfen der Zuschauer schweben zu lassen, erscheint der Mehrheit der Lehrer zu gefährlich."

Das einsetzende Murren und Betteln hilft nichts.

Wolfram, der ebenfalls ein wenig geknickt ist, weil weder seine Obstbatterie noch seine Lichtschranke für die Vorführung auserkoren wurde, meldet sich: „Darf ich die Kamera bedienen?"

„Die Videoübertragung liegt in den Händen von Herrn Gerhard und seiner 4b. Wenn du willst, kann ich ihn fragen."

„Schon okay." Wolfram klingt zerknirscht. „Vielleicht frage ich ihn selbst."

Während der großen Pause äußern vor allem diejenigen Kinder ihren Unmut, die den ersten Ballonaufstieg miterlebt haben. Sie finden es unfair, dass das neue Modell nicht in voller Funktion vorgeführt werden darf.

Hanna holt ihr Smartphone hervor und ignoriert damit das Nutzungsverbot von Mobiltelefonen auf dem Schulgelände. Noch einmal zeigt sie die Bilder herum, die sie am Montag geschossen hat. „Das ist so schön und wir dürfen es nicht zeigen." Die Kinder stecken die Köpfe zusammen. „In der Halle wäre das noch tausendmal schöner. Stellt euch vor, der Ballon würde durch den unbeleuchteten Saal schweben."

Stefanie kommt ebenfalls ins Schwärmen: „Oder draußen bei Vollmond mit Millionen von Sternen im Hintergrund."

„Zurzeit ist Neumond", stellt Wolfram sachlich fest.

„Dann eben nur mit Sternen", entgegnet Stefanie trotzig.

„Wieso hat uns Besi das mit dem Feuerverbot nicht früher erzählt?", fragt Wolfram. „Wir hätten eine Nachtaufnahme vorbereiten können, die man auf die Leinwand projizieren könnte."

„Wir könnten den Ballon heute Nachmittag noch mal aufsteigen lassen, um ihn wenigstens tagsüber zu filmen“, sagt Xaver.

Sein Vorschlag stößt auf sofortige Zustimmung: „Besser als gar nicht.“ – „Gute Idee.“ – „Ich will auch dabei sein.“

Hanna hält ihr Smartphone hoch. „Das Ding macht auch Filme. Ich weiß aber nicht, wie man die in den Computer bekommt.“

„Kein Problem“, sagt Wolfram. „Das kann ich.“

„Ich hab noch eine bessere Idee!“ Zacharias ist mit einem Mal richtig aufgeregt. „Mein neuer Hubschrauber hat eine Kamera.“

„Mann, er schon wieder.“ – „Ich dachte, du wolltest aufhören mit der Angeberei!“ – „Mensch, lass stecken, Zacharias!“, empören sich ein paar.

Da Zacharias überhaupt nicht angeben wollte, ist er sichtlich verärgert. „Kann ich was dafür, dass er eine Kamera hat? Ich wollte doch nur …“

„Du hättest einfach den billigeren nehmen können“, sagt Anton.

Zacharias blickt auf Murat, der mit im Laden war. Außer ihm kann eigentlich niemand etwas von dem höheren Preis wissen.

„Ich hab’s Anton erzählt“, sagt Murat kleinlaut.

„Oh Mann! Kann ich was dafür, dass nur der teure so aussieht wie der abgestürzte? Hast du auch herumerzählt, dass mein Papa nichts merken darf und ich den Aufpreis selbst bezahlt habe?“

Zacharias’ Wortschwall hat Murat zurückweichen lassen. „Sorry, war nicht böse gemeint“, murmelt er.

„Hört auf, euch über so einen Quark zu streiten“, geht Oskar dazwischen. „Erstens war es Zacharias’ Idee, Geld mit Schneeschippen zu verdienen. Zweitens hat er den Heli geschrottet, um einen Brand zu verhindern. Drittens kennt ihr seinen Papa. Er ist wirklich der Letzte, der davon erfahren sollte. Und niemand kann etwas dafür, wenn das einzige Modell, das aussieht wie das alte, teurer ist und eine Kamera hat.“ Er wendet sich an Zacharias. „Und jetzt erzähl uns, was du eben wolltest.“

Der Angesprochene nickt dem Klassensprecher dankbar zu. „Ich wollte vorschlagen, mit dem Heli Luftaufnahmen vom Ballon zu machen. Mehr nicht.“

9. Kapitel

Geniale Idee

Nachdem der Streit geschlichtet ist, entwickelt sich aus Zacharias' Vorschlag eine Kette weiterer Ideen. Die große Pause ist zu kurz, um den groben Plan zu verfeinern und festzulegen, wer was vorbereiten könnte. Mit dem Gong zum Beginn der nächsten Stunde wenden sich die Ersten ab, um in die Klasse zu gehen.

„Wir sind noch nicht fertig!", ruft Oskar.

„Lasst uns den Rest mit Besi besprechen", schlägt Ilona vor.

„Und wenn ihr unser Plan nicht gefällt?", wendet Xaver ein. Er möchte das Ganze nicht durch einen möglichen Einwand der Lehrerin gefährden. Schließlich würde eine Umsetzung ihrer bisherigen Ideen den Heißluftballon so schön zur Geltung bringen.

„Ach, die macht schon mit. Wenn wir alles genau durchplanen, kann absolut nichts passieren. Das sieht sie bestimmt auch so", versucht Ilona Zuversicht zu verbreiten.

Murat dagegen meldet ebenfalls Zweifel an: „Ihr kennt doch die Erwachsenen. Denen fällt immer was ein, warum wir dies und das nicht machen sollen.“

„Dann müssen wir unsere liebe Lehrerin eben überzeugen“, sagt Ulli. „Los, Leute, wenn wir zu spät kommen, ist sie sauer und macht deshalb nicht mit.“

Auf dem Weg ins Klassenzimmer diskutieren sie weiter, ob sie Besi einweihen müssen und, wenn ja, wie viel sie ihr erzählen sollen.

Mit der Klinke in der Hand hält Ulli inne. „Wer übernimmt das Wort?“

Zacharias zuckt mit den Schultern. „Ich kann das gerne machen. Wenn ihr wollt.“

„Find ich gut“, sagt Ilona. „War sowieso deine Idee.“

Corinna schüttelt zweifelnd den Kopf. „Ich bin immer noch nicht sicher, ob wir sie einweihen sollen.“

„Wenn wir das durchziehen, ohne ihr was zu sagen, ist sie stinksauer“, sagt Oskar.

„Wer ist sauer, wenn ihr was durchzieht?“

Die Kinder zucken zusammen. Besi steht hinter ihnen. Ob sie die gesamte Diskussion oder lediglich die letzten Fetzen des Gesprächs mitbekommen hat, ist unklar.

Ilona fängt sich als Erste. „Zacharias hatte in der Pause eine Idee, wie wir den Ballon gefahrlos aufsteigen lassen können."

„Ihr macht mich neugierig. Schön wär's auf alle Fälle." Die Kinder bleiben abwartend im Flur stehen. „Was ist? Wollt ihr hier Wurzeln schlagen oder gehen wir rein, damit ihr mir eure grandiose Idee erklären könnt?"

„Doch." – „Natürlich." – „Klaro."

„Bildet mal 'ne Gasse, Leute", scheucht Ulli die anderen zur Seite. „Platz für unsere hochverehrte Lehrerin." Mit einer Verbeugung hält er Besi die Tür auf, um ihr den Vortritt zu lassen.

„Wie galant, danke", sagt sie lachend.

„Für Ihre gute Laune tue ich alles."

„Wie uneigennützig."

Ulli liebt solche Dialoge. „Ganz und gar uneigennützig! Alles zum Wohle der Allgemeinheit." Mit Stolz geschwellter Brust schreitet er grinsend an seinen Platz.

Um den Ablauf des bevorstehenden Abends und die Details für die Präsentationen der 3a durchzusprechen, bietet es sich zum Abschluss des Tages an, noch einmal einen Stuhlkreis zu bilden. Natürlich ist Frau Besenbinder nach den

Andeutungen vor der Tür gespannt, was die Kinder ausgebrütet haben. Zacharias erhält die Räuberpuppe Ronja und fasst alles Wesentliche zusammen. Was die Lehrerin aus seiner Sicht nicht erfahren soll, verschweigt er. Die eine oder andere sonstige Kleinigkeit, die er vergessen hat, ergänzen die anderen.

Schließlich wirft Zacharias das Maskottchen Besi zu. Die lässt sich das Gehörte offenbar noch einmal durch den Kopf gehen. Schließlich beginnt sie ganz langsam zu nicken. „Doch, das klingt gut. So wie ihr das vorhabt, kann wirklich nichts passieren."

Die Klasse 3a bricht in Jubel aus.

10. Kapitel

Welch ein Abend!

Für die meisten Kinder gilt es im Laufe des Nachmittags, letzte Vorbereitungen zu treffen. Stefanie, deren Selbstaufzug am Seil ebenfalls zur Vorführung ausgewählt wurde, will sich am Haken an der Hallendecke mehrere Meter über die Köpfe der Zuschauer nach oben ziehen. Sie bespricht mit Frau Lukas, zu welchem Zeitpunkt der Veranstaltung sie die dicke Matte als Sicherung braucht. Frederike und Naomi tüfteln länger als eine Stunde am idealen Neigungswinkel für die Seilbahn herum. Und natürlich kümmert sich eine Gruppe von Kindern um die wichtigste Vorführung der Klasse: den Heißluftballon.

Um die Übertragung der Videobilder auf die Großleinwand zu besprechen, hat Wolfram über Leos Bruder Lars, der in die 4b geht, Kontakt zu Herrn Gerhard aufgenommen. Noch bei sich zu Hause überprüft Xaver zum x-ten Mal alle Funktionen des Ballons. Sind die Drähte zwischen Korb und Ballonhülle fest? Hat er genügend

Brennstoff eingepackt? Wo hat er bloß die Schnur gelassen, mit der sie den Ballon festbinden wollen? Xaver ist vor Aufregung und Lampenfieber ganz zittrig.

Zacharias übt bis zum Einbruch der Dämmerung Flugmanöver mit seinem Hubschrauber. Hanna, Anton und Murat, die ihn abholen, um gemeinsam zur Schule zu gehen, zeigen sich begeistert, wie perfekt er den Heli inzwischen zu steuern weiß. Was auch immer die Kamera zeigen soll, bekommt er tatsächlich ins Bild.

Als sie zwei Stunden vor der Abendveranstaltung die Schule erreichen, ist es bereits dunkel. Frau Besenbinder, die allein aus Sicherheitsgründen beim Nachtstart des Ballons anwesend sein möchte, ist ebenso überpünktlich wie alle anderen am Projekt Beteiligten.

Um den reibungslosen Ablauf der Aufnahmen zu gewährleisten, hat Wolfram in Stichworten eine Art Drehbuch geschrieben. Trotz kleiner Akkuschwächen des Helikopters haben die Kinder ihre Videoaufnahmen im Kasten, ehe die ersten Abendbesucher kommen. Wolfram überträgt das aufgenommene Material mithilfe eines USB-Sticks auf einen Laptop und schneidet die Szenen zu einem ungefähr dreiminütigen Filmchen zusammen.

„Wow!“ – „Das ist voll krass.“ – „Dass du das kannst!“, kommentieren die Kinder, die ihm bei der Arbeit über die Schulter blicken.

„Großartig“, sagt Frau Besenbinder. „Und ihr glaubt wirklich, dass niemand euren kleinen Schwindel bemerkt?“

„Wenn sich Xaver beim Führen des Ballons genau an das hält, was wir besprochen haben, glauben die Leute, dass alles live passiert“, sagt Wolfram, auf dessen Idee die Aktion basiert.

Xaver schluckt. Er ist blass und fühlt die Last der Verantwortung auf seinen Schultern.

„He, du schaffst das“, spricht Pia ihm Mut zu.

„Pia und ich sind die ganze Zeit an deiner Seite“, versucht auch Leo, ihn zu bestärken.

„Ihr macht das schon“, sagt Wolfram. „Ich muss jetzt zu Herrn Gerhard, damit er die Daten auf seinen Rechner laden kann.“

Kurz bevor die ersten Eltern in die bestuhlte Mehrzweckhalle strömen, sind die Versuche aller Klassen aufgebaut. Das Videoteam der 4b, dem auch Leos großer Bruder Lars angehört, ist bereits aktiv und überträgt mit der Videokamera schon vor dem offiziellen Beginn der Veranstaltung Livebilder der Versuchsanordnungen auf eine Großleinwand. In ähnlicher Weise wird man später verfolgen können, wie die Kinder ihre Experimente an den Tischen durchführen. Einige Schülerinnen und Schüler haben sich mit zu großen Laborkitteln als Wissenschaftler verkleidet. Andere tragen bereits ihre Schutzbrillen, obwohl dies noch gar nicht nötig ist. Die meisten haben sich für diesen Abend richtig fein gemacht.

Natürlich gibt es Applaus, als die Erstklässler mit ihren Experimenten den Auftakt machen. Sie führen vor, dass ohne den Sauerstoff aus der Luft kein Feuer brennt, indem sie Glaszylinder über Kerzenflammen stülpen. Mit sichtlich großem Vergnügen schleudern die Kinder anschließend mithilfe eines selbst gebauten Katapults Tischtennisbälle ins Publikum. Das letzte Wurfgeschoss ist ein Schokokuss. Nur der getroffene Vater stimmt nicht in den Jubel ein. Sein säuerliches Lächeln wird in Großaufnahme auf die Leinwand übertragen.

Dann ist die 3a an der Reihe. Frederikes und Naomis Seilbahn saust so schnell zur Sprossenwand hinauf, dass das Kamerateam um Lars nicht hinterherkommt. Sie fangen das Modell mit ihrer Kamera erst wieder ein, als es ihnen rückwärts und antriebslos auf der gespannten Schnur entgegenkommt. Nachdem sich Stefanie an ihrem Selbstaufzug eigenhändig mehrere Meter hochgezogen hat, wird sie von Lars interviewt.

„Sag mal, Stefanie, könntest du mit deinem Flaschenzug auch Erwachsene unter der Decke schweben lassen?"

„Mit dieser Rollenanordnung kann ich etwa das Vierfache meines Gewichts heben. Theoretisch jedenfalls."

„Wie wär's, Herr Dieckmann?", spricht Lars den Schulleiter an. „Kleiner Rundflug gefällig?"

Die Aktion war nicht abgesprochen. Trotzdem gibt es für den Schulleiter kein Entrinnen. Unmittelbar auf Lars' Frage setzt forderndes, rhythmisches Klatschen ein. Herr Dieckmann kommt nicht umhin, sich das Klettergeschirr anzulegen.

Unter großem Jubel und Hallo wird er nach oben befördert. Sein auf die Leinwand übertragener Gesichtsausdruck lässt vermuten, dass er nicht wirklich glücklich ist.

Bereits während Stefanies Präsentation hat Xaver unauffällig drei Teelichte im Ballonkorb angezündet. Zu Hause hat er ein Dutzend Mal überprüft, wie lange es dauert, den Ballon aufzuheizen, damit er abhebt. Nun weiß er, dass während der Aufheizphase mindestens drei Teelichte im Korb brennen müssen, damit überhaupt etwas passiert. Mit der ursprünglich verwendeten Brennpaste ginge alles deutlich schneller. Aber die ist ja aus Sicherheitsgründen verboten.

Als die Kamera auf den Ballon schwenkt, übernimmt Pia das Mikrofon, um dem Publikum das Prinzip eines Heißluftballons zu erklären. Xaver signalisiert ihr, dass er noch nicht so weit ist. Indem sie alles viel ausführlicher beschreibt als nötig, versucht Pia Zeit zu schinden. „Die Luft in der Ballonhülle muss wärmer sein als die Luft drumherum“, sagt sie. Auch Leo macht deutlich, dass sie weiterreden soll. „Einen echten Ballon beheizt man mit einem Gasbrenner. Wir haben nur Teelichte. Leider … ähm, mit denen dauert das natürlich etwas länger. Manchmal auch etwas viel länger. Da unser Ballon nur klein ist, müsste es aber trotzdem funktionieren. Irgendwann." Sie zuckt ratlos mit den Schultern. „Es dauert höchstens bis morgen Früh oder so."

Das Publikum lacht. Pia ist erleichtert, als sich der Ballon dann doch Millimeter um Millimeter vom Tisch hebt. Wie mit Frau Lukas verabredet, wird das Licht in der Halle im Moment des Starts heruntergedreht. Begleitet von vielen „Oohs" und „Aahs" schreiten Xaver und Leo mit dem leuchtenden Ballon durch den Mittelgang und hoffen, dass die flackernden Flammen auf dem Weg zum Foyer nicht ausgehen. Pia, Anton, Hanna und Zacharias, der dem Publikum den mitgebrachten Hubschrauber und die Fernsteuerung entgegenhält, folgen im Schlepptau. Kaum sind die Ballonkinder im Foyer, schließt sich die Tür. Lars und sein Kamerateam bleiben im Saal zurück. Als auf der Leinwand nur noch die geschlossene Tür zu sehen ist, geht bedauerndes Raunen durchs Publikum.

Dann gibt es auch noch einen Bildausfall und es dauert einen Moment, bis jemand anfängt zu klatschen und den bislang stärksten Applaus des

Abends auslöst. Als schließlich die Übertragung auf der Leinwand wieder funktioniert, wird im Publikum getuschelt: „Sind die mit dem Ballon jetzt draußen?“ – „Ja, das ist vor der Halle.“ – „Die lassen ihn in den Nachthimmel aufsteigen.“ – „Wunderschön!“ – „Wie filmen die das eigentlich?“ – „Hatte der eine Junge nicht einen Hubschrauber dabei?“ …

Tatsächlich sind auf der Leinwand nun Luftaufnahmen vom Ballon zu sehen. Die Kamera scheint um die bunte Hülle zu kreisen. Das Publikum merkt nicht, dass es sich um eine Aufzeichnung vom frühen Abend handelt und dass das Feuer im Korb nicht mehr von Teelichten stammt, sondern aus dem Napf mit der Brennpaste. Dass die Hülle viel heller leuchtet als zuvor, fällt nur den Eingeweihten auf.

„Siehst du was?“, fragt Pia Leo, der vom Foyer aus versucht, durch den Türspalt einen Blick in den Saal zu werfen.

„Immer noch die Aufnahmen vom Hubschrauber“, gibt er an die hinter ihm stehenden Mitstreiter weiter. „Gleich ist das Video zu Ende. – Jetzt geht Lars mit der Kamera zurück an die Experimentiertische.“

„Ab sofort noch 30 Sekunden.“ Wolfram stoppt die Zeit. „Dann gehen wir wieder rein. Alles klar, Xaver?“

„Neiiin“, jammert er. „Ein Teelicht ist aus. Gleich sinkt er.“

„Ich hab Ersatz.“ Pia versucht ein brennendes Teelicht in den Korb zu legen. „Autsch.“

„Was ist?“, fragt Leo besorgt.

„War bloß ein wenig heiß an den Fingern", antwortet Pia, nachdem sie das alte Teelicht gegen das neue getauscht hat.

Xaver ist nur halb erleichtert. „Hoffentlich brennen die anderen beiden noch lange genug."

„So, Leute. Rein mit euch." Wolfram öffnet die Tür. Xaver, der mit dem schwebenden Ballon vorangeht, kann den erneuten Applaus nicht genießen. Er fürchtet, die Leute könnten so viel Wind machen, dass die Flammen auf dem Weg nach vorn erlöschen. Als er den Vorführtisch schließlich erreicht, sieht man ihm die Erleichterung an. Er zieht den Ballon herunter, pustet die Flammen aus und befestigt die Hülle an einem vorbereiteten Gestell. Geschafft!

Die noch ausstehenden Experimente gehen an den Kindern der 3a vor lauter Aufregung weitgehend unbeachtet vorüber. Auch dass der Schulleiter die Zuschauer zum Abschied bittet, Stimmzettel auszufüllen, bekommen nur wenige mit: „Im Foyer können Sie ankreuzen, welche Darbietung Ihnen am besten gefallen hat. Eine Reihe von Einzelhändlern hat für die drei ersten Plätze ein Preisgeld ausgelobt. Ich wünsche Ihnen und euch einen guten Nachhauseweg."

Viele der Erwachsenen kommen noch zu den Tischen, um sich die Versuche aus der Nähe anzuschauen. Zacharias' Vater tritt an den Tisch der 3a. „Das mit dem Ballon war wirklich klasse. Ich bin stolz auf dich, mein Junge", sagt er laut.

Zacharias senkt verlegen den Blick. „Xaver, Leo und Pia haben den Ballon gebaut. Ich hab nur den Hubschrauber geflogen."

„Ohne unseren Hubschrauber wären die Bilder vom fliegenden Ballon kaum möglich gewesen", fährt sein Vater fort.

„Ballone fahren", korrigiert ihn Xaver.

„Was? Ach? Egal. – Mir war beim Kauf gar nicht aufgefallen", sagt er dann, „dass der Helikopter mit einer Kamera ausgestattet ist."

Die Kinder fallen in Schockstarre. Kommt Zacharias' Vater doch noch dahinter, dass der erste Hubschrauber zu Bruch gegangen und ersetzt worden ist?

„Aber ohne die Kamera hätte es ja nicht so eine beeindruckende Direktübertragung von draußen geben können! – Wirklich großartig war das, mein Junge."

Während sich die anderen heimlich freuen, dass auch Zacharias' Vater auf den Trick mit der angeblichen Liveübertragung hereingefallen ist, steht Zacharias da wie ein begossener Pudel. „Papa, ist gut jetzt."

„Musst nicht so bescheiden sein, wenn du was gut gemacht hast." Herr Quast wirft einen Blick auf seine Uhr. „Gehen wir?"

„Du kannst schon zum Auto gehen", sagt Zacharias. „Ich komme gleich nach."

„Okay, in fünf Minuten beim Auto? Hab den Allrad dabei. Die Straßen werden um die Zeit ja nicht mehr anständig geräumt."

„Ja, bis gleich." Zacharias ringt sich ein Lächeln ab. Kaum hat sich sein Vater abgewendet, macht er mit klarer Geste deutlich, dass ihm der Auftritt peinlich war.

Murat legt ihm den Arm um die Schultern. „Ich find's jedenfalls gut, dass du das nicht mehr nötig hast."

„Was?", fragt Zacharias.

Anton versteht, was Murat meint: „So anzugeben wie dein Vater."

Zacharias blickt zur Tür, durch die sein Vater gerade ins Foyer verschwindet. „So ist er eben."

11. Kapitel

Vierter Platz, sechster Platz …

Bis Montag hat sich die Sache mit den Preisen bei den meisten schon herumgesprochen. Natürlich sind alle gespannt, welche Vorführung den ersten Platz belegt. Frau Besenbinder zieht eine Liste aus ihrer Tasche. „Die wurde mir von Herrn Dieckmann gerade noch zugesteckt.“ Sie wirft einen Blick auf das Blatt.

„Oh, wie schade.“ Voller Bedauern wendet sie sich an Stefanie. „Du bist Vierte geworden. Preise gibt's leider nur bis Platz drei.“

Stefanie scheint das allerdings überhaupt nicht schlimm zu finden. „Vierte? Echt? Boah. Ich finde das klasse.“

Auch für den vierten Rang erhält sie einen kräftigen Applaus.

„Machen Sie es nicht so spannend!“, ruft Ulli. „Was ist mit den anderen?“

„Frederike und Naomi haben es mit der Seilbahn auf Rang sechs geschafft.“

Erneuter Applaus.

„Und der Heißluftballon?", fragt Pia, die nicht glauben kann, dass der Ballon bei der Abstimmung noch weiter hinten gelandet sein könnte.

Besi blickt erneut auf die Liste. „Der Ballon? Ja. Wo ist der bloß?" Sie lächelt. „Der ist auf dem ersten Platz, wieso?"

Im nächsten Moment kann niemand mehr das eigene Wort verstehen, so laut ist der Jubel. „Kinder!", ruft die Lehrerin dagegen an. „Wir bekommen 150 Euro für unsere Klassenkasse!"

„Da frage ich mich, wieso wir Deppen uns den Rücken krumm geschippt haben", sagt Wolfram.

„Was habt ihr?", fragt Frau Besenbinder, die von der Aktion, mit der die Kinder Geld für den Eimer, Murats Schulsachen und den Hubschrauber gesammelt haben, noch immer nichts weiß.

Nachdem er sich verplappert hat, versucht Wolfram, die Situation zu retten: „Nur eine von Zacharias' genialen Ideen." Er schaut den Mitschüler voller Anerkennung an. „Der war letzte Woche echt cool drauf."

Dafür gibt es einen weiteren tosenden Applaus.